NOTES

POUR SERVIR A L'ÉTUDE

DE LA CORALLINE

PAR

A. BOURGOUGNON

Préparateur de Chimie à la Manufacture impériale des Gobelins

PARIS

ADRIEN DELAHAYE, LIBRAIRE-ÉDITEUR

PLACE DE L'ÉCOLE-DE-MÉDECINE, 23

1870

NOTES

POUR SERVIR A L'ÉTUDE

DE LA CORALLINE

PREMIÈRE PARTIE

Lorsque MM. Tardieu et Roussin eurent publié le résultat de leurs expériences sur la coralline, et qu'ils en eurent conclu que cette substance était un poison violent, j'eus l'idée de répéter les expériences de ces savants, non pour les contredire, mais pour observer les phénomènes toxiques que pouvait occasionner cette substance tinctoriale.

Je dois avouer cependant que j'avais quelques doutes sur l'action toxique de la coralline, car bien souvent il m'était arrivé de teindre des étoffes avec cette substance, et jamais je n'avais éprouvé aucun accident ; cependant dans plusieurs de mes opérations tinctoriales, je suis resté très-longtemps les mains plongées dans des bains chauds de cette teinture.

Après plusieurs opérations de ce genre, j'ai eu les mains et les bras teints par cette couleur, souvent pendant plusieurs jours, sans en être jamais incommodé.

J'avais bien l'idée de répéter les expériences de MM. Tardieu et Roussin, mais pour arriver à ce résultat, il fallait m'adjoindre quelqu'un qui fût au courant des expériences à faire en pareille circonstance, y étant complétement étranger moi-même.

Ce fut alors à ce moment, qu'un médecin de mes amis, M. Mourier, me fit faire la connaissance de M. Albert Babaut, externe des hôpitaux de Paris, lequel aussi, de son côté, cherchait quelqu'un au courant des opérations chimiques, afin de reproduire les effets toxiques de la coralline.

Nous nous décidâmes donc, avec M. Babaut, à entreprendre ce travail.

A quelques jours de là, M. Babaut me proposa de me mettre en rapport avec des personnes qui nous procureraient tous les moyens d'arriver au but que nous nous proposions.

C'est alors que je fus présenté à M. A. Landrin, médecin vétérinaire, et à son frère, M. Th. Landrin, docteur en médecine.

Nous trouvâmes chez ces messieurs l'accueil le plus cordial, et ils nous procurèrent tous les animaux qui nous furent nécessaires pour faire nos expériences.

Nous nous résolûmes alors à répéter tous les quatre, *en commun*, les expériences dont MM. Tardieu et Roussin avaient entretenu les Académies des sciences et de médecine, au mois de février 1869.

J'apportai plusieurs échantillons de coralline, de différentes provenances, et le 21 avril, nous commençâmes nos séries d'expériences.

Ces quelques pages sont tout en dehors d'un mémoire que nous publierons, lorsque nous le jugerons convenable ; on n'y trouvera donc pas la relation détaillée de nos expériences.

Cependant je reproduirai quelques notes, extraites des journaux où elles ont été publiées.

Voici la note que M. Landrin, médecin-vétérinaire, a lue à l'Académie impériale de médecine le 8 juin 1869, et que rapporta l'*Écho médical*, dans son numéro du 17 juin.

NOTE SUR LA VALEUR TOXIQUE DE LA CORALLINE.

« Sous ce titre, se trouvent groupés le résumé très-succinct des expériences que j'ai faites en collaboration avec MM. le docteur Landrin, mon frère, Babaut et Bourgougnon, et l'exposé des motifs qui nous ont déterminés à entreprendre ces expériences. »

« Il y a quelques mois, un des membres les plus éminents du corps médical, M. Tardieu, est venu appeler l'attention de l'Académie des sciences sur l'action vénéneuse de la coralline. Le 2 février dernier, il lisait également à l'Académie de médecine son mémoire sur l'empoisonnement par cette substance, mémoire qu'il terminait ainsi : « *La coralline appartient à une classe de corps dont le progrès incessant des arts chimiques accroît chaque jour le nombre. C'est là une preuve nouvelle de l'intérêt considérable qu'il y a pour la science de l'hygiène et pour la médecine légale elle-même à suivre la marche et les progrès de l'industrie, et à étudier l'influence que ses plus récentes conquêtes peuvent exercer sur la santé des hommes.* »

« Répondant à cet appel, nous nous décidâmes à établir des expériences, propres à éclairer la science, sur la valeur toxique des substances tinctoriales de même série chimique que la coralline.

Pour nous guider dans cette voie, nous crûmes utile pour nous de recommencer ce qu'avait fait M. Tardieu, et le 21 avril nous étions à l'œuvre.

Nous devons avouer que nous avions bien quelque doute sur le degré de l'action irritante de la coralline, puisque l'un de nous qui, fréquemment, avait l'occasion de plonger les mains dans la teinture obtenue avec cette substance, n'en avait jamais éprouvé le moindre accident. Néanmoins, grand fut notre étonnement, lorsqu'après un plus grand nombre d'expériences que celui qui avait permis à M. Tardieu de conclure aussi nettement, nous nous trouvâmes en face d'un résultat complétement négatif. Soit que la coralline ait été donnée par la voie stomacale en solution alcoolique ou mélangée à l'état pulvérulent à une très-petite quantité de viande, soit qu'elle ait été administrée par la méthode hypodermique, nos chiens étaient restés dans le plus parfait état de santé.

Le seul fait que nous ayons noté était la présence du prétendu poison dans les matières fécales, d'où l'on pût l'extraire et l'isoler. Point de diarrhée, de vomissements, de fièvre, ni d'abattement. Nulle inflammation de la muqueuse buccale quand l'animal avait pris la substance par la bouche, point de claudication après les injections sous-cutanées aux membres; ce qui nous étonna fort, car nous nous attendions à voir apparaître ces eschares que deux d'entre nous avaient produites sur des chiens et des chevaux en expérimentant par cette méthode la vératrine et la conicine. Il nous parut alors nécessaire d'abandonner la coralline purifiée dont nous nous étions servis et nous recommençâmes avec la coralline du commerce, de deux sources différentes ; tout se passa comme précédemment. Nous eussions pu conclure dès ce moment ; mais d'accord tous les quatre et bien que certains d'avoir sagement observé, nous nous contentâmes de déposer un pli cacheté à l'Académie des sciences, le 3 mai dernier, afin qu'il nous fût possible d'étudier de nouveau. Ce que nous désirions surtout, c'était d'opérer de manière à rejeter toutes les chances d'erreur, c'était aussi de bien nous placer dans les mêmes conditions que notre savant initiateur qu'il nous était pénible de contredire. Pour remplir ce programme, un de nous, en qualité de chimiste, obtint, de l'obligeance de M. Persoz, un échantillon de sa coralline dont l'expérimentation devait terminer notre série d'observations. Les derniers résultats obtenus nous forcent enfin à donner nos conclusions ; car, si nos expériences vérifiées par d'autres conservent leur signification (ce dont nous ne doutons pas), nous nous trouvons en face d'un devoir à remplir à l'égard de l'industrie inquiétée et forcément stationnaire en présence d'un danger dont la menace restera longtemps toute puissante. Nos expériences ont porté sur sept chiens, deux chevaux, un lapin et quelques grenouilles Enfin, sur nous-mêmes, nous avons tenté l'application de la solution alcoolique de coralline, soit sur le bras, soit sur le pied. En tout quarante expériences qui n'ont pas amené un accident. Nous avons ainsi employé 195 grammes de coralline, aucun de nos animaux n'a été empoisonné. Cependant un chien a pris par la voie stomacale $1^{gr},50$ de coralline en deux jours ; un autre $11^{gr},50$ en une quinzaine de jours, soit par la bouche, soit par la méthode hypodermique ; un troisième, enfin, 17 grammes en trois jours à l'état pulvérulent.

Le premier cheval, tombé d'inanition quand il nous fut livré, en a pris 10 grammes en solution alcoolique et 50 grammes de la même façon cinq jours après : le second cheval en a ingéré 100 grammes en deux prises égales le 30 avril et le 3 mai. Le lapin en a absorbé 2 grammes en huit jours à la dose de 20 centigrammes par jour à l'état pulvérulent, car nous nous sommes souvenus qu'il est de connaissance vulgaire qu'une cuillerée d'eau-de-vie tue parfaitement un lapin.

Quant aux grenouilles, le résultat que nous avons obtenu sur elles pourrait paraître au premier abord moins favorable. Nous avons eu chez elles des morts assez rapides, mais il faut dire que comparativement nous avons donné l'alcool pur, et cette dernière substance a tué ces animaux aussi vite et avec les mêmes apparences phénoménales que la solution alcoolique de coralline. Une grenouille qui a pris $0^{gr},05$ de coralline à l'état pulvérulent le 8 mai, vit encore aujourd'hui (5 juin), bien qu'elle n'ait pas été nourrie. Une autre grenouille a absorbé $0^{gr},05$ de la coralline de M. Persoz et l'a rendue vingt heures après sous forme de deux masses stercorales, que nous vous présentons, sans que sa santé ait paru altérée.

Nous avons cherché à nous rendre compte, néanmoins, des lésions que pouvait produire la coralline, et dans ce but nous avons fait abattre les deux chevaux et un chien.

Le premier cheval a été tué vingt-quatre heures après avoir pris 50 grammes de coralline du commerce en solution dans 120 grammes d'alcool; solution additionnée d'environ 100 grammes d'eau. Nous avons à première vue reconnu la coralline dans le poumon, ce qui nous a permis de teindre avec cette coralline retirée du poumon l'écheveau de laine que nous vous présentons. Cette autopsie ne nous donna aucun autre résultat et le foie particulièrement était très-sain. Le second cheval fut abattu sept jours pleins après la dernière administration de 50 grammes de coralline du commerce. Bien qu'il ait comme le précédent avalé cette substance en solution alcoolique (ce qui nous paraît important pour son transport rapide au poumon), il nous a été impossible d'en trouver la moindre trace. Le chien et le lapin avaient totalement éliminé la coralline introduite dans leur économie.

Ces faits nous autorisent suffisamment à rejeter l'appréciation de M. Tardieu, qui considère la coralline comme un poison irritant, agissant notamment comme les substances drastiques, à la façon de l'huile de croton tiglium, par exemple.

Quant à l'éruption déterminée aux pieds de quelques personnes qui ont porté des chaussettes de soie teintes avec la coralline, nous pensons qu'il faut en chercher la cause ailleurs que dans l'action de la coralline.

Tous les quatre nous avons étendu sur nos bras de la coralline dissoute dans l'alcool, et nous avons laissé cette teinture jusqu'à ce qu'elle ait disparu d'elle-même. Un de nous, pendant plus de dix jours, a eu un pied teint de cette façon. Enfin, nous n'avons pris aucune précaution pendant le cours de nos expériences, et nous n'avons rien, absolument rien constaté sur nous. D'ailleurs, les chevaux qui conservaient une teinte corallinée de la langue et de toute la bouche pendant un temps assez long, après l'absorption de la teinture, n'ont pas eu la moindre irritation de ces parties.

Nous ne voulons pas nous étendre davantage, nous nous réservons d'envisager toutes ces questions dans un mémoire qui sera terminé prochainement.

Aujourd'hui nous terminons par ces conclusions :

1° *La coralline n'est pas un agent toxique, même à des doses assez élevées.*

2° *On peut, en conséquence, en faire usage hardiment en teinture si dans les opérations qu'entraîne son emploi dans cette industrie, on ne le mélange pas à des corps toxiques.* »

Après la lecture de cette note, l'Académie de médecine nomma une commission chargée de répéter nos expériences.

Cette commission fut composée de MM. Regnault, Gubler et Bouley.

A la séance de l'Académie qui suivit la communication de M. Landrin, M. Tardieu, à l'occasion du procès-verbal de la séance du 8 juin, fit la communication suivante, qui fut reproduite par la *France médicale*, dans son numéro du 19 juin.

« M. Landrin a communiqué à l'Académie, dans sa dernière séance, les résultats d'expériences relatives aux effets de la coralline qui sont en opposition avec ceux que M. Roussin et moi avons obtenus. Bien que j'entrevoie quelques-uns des motifs de cette divergence, je m'abstiendrai de toute remarque sur ces expériences, dont je ne connais pas les détails, et sur lesquelles je n'ai aucun parti pris.

« Je me contenterai de faire observer que les conclusions négatives des recherches de M. Landrin ne contredisent et n'atteignent en rien les observations très-positives dont j'ai entretenu l'Académie.

« Les accidents déterminés par l'usage des bas de soie teints en rouge sont un fait hors de toute contestation ; les exemples s'en sont offerts à un grand nombre de médecins comme à moi-même ; il y a quelques jours encore, M. Nélaton m'adressait un jeune homme atteint de l'éruption caractéristique des pieds et présentant tous les symptômes que j'ai décrits.

« Je ne suis pas assez complétement édifié sur les procédés de teinture employés dans cette fabrication étrangère pour affirmer que la coralline seule puisse être incriminée, et, sur ce point, de nouvelles études offriraient certainement un grand intérêt. Je rappellerai seulement que cette substance n'est mélangée dans la teinture des bas de soie à aucun poison de matière minérale tels que l'arsenic, le mercure et le plomb, et que l'usage de ces bas teints en rouge n'en a pas moins, pour certaines personnes, les graves inconvénients que j'ai signalés. C'est là le fait que je tiens, quant à présent, à maintenir. »

Comme on le voit par cette réponse de M. Tardieu, la coralline, tant incriminée, n'est plus qu'une substance qui peut, *pour certaines personnes*, avoir de graves inconvénients.

De là à être un violent poison, la distance est grande.

Le 28 juin, M. A. Landrin communiqua à l'Académie des science le résultat de nos expériences. Une commission fut nommée ; les rapporteurs furent : MM. Chevreul, Bouley et Laugier.

Dans son numéro du 15 juillet, le *Moniteur scientifique*, dans son compte rendu de la séance de l'Académie des sciences du 28 juin, inséra la note suivante :

SUR LA VALEUR TOXIQUE DE LA CORALLINE
Par A. Landrin.

« Nous laisserons M. Sanson apprécier lui-même la communication de son confrère telle qu'il l'a publiée dans son journal *la Culture.* Nous ajouterons seulement que, dans cette regrettable erreur, il faut surtout s'en prendre à M. Roussin, à qui était dévolu le soin d'apprécier la pureté des produits. Déjà, dans une affaire de pepsine, M. Roussin avait prouvé avec quelle légèreté il examine ce qu'on lui confie, et il est d'autant plus coupable qu'il serait difficile de trouver un chimiste plus capable, plus habile et plus expérimenté. »

Voici l'article de M. A. Samson : « Dernièrement, M. le professeur Tardieu ayant eu l'occasion d'observer des accidents locaux et généraux d'empoisonnement sur une personne qui portait des chaussettes teintes en un rouge particulier, a été amené à attribuer ces accidents à l'influence de la substance employée pour les colorer. Avec l'aide de son collaborateur habituel, M. Roussin, il a entrepris des recherches desquelles il est résulté que cette substance, connue dans les arts chimiques sous le nom de *coralline*, devait être considérée comme un énergique poison, et il s'est empressé d'en communiquer les conclusions à l'Académie des sciences et à l'Académie de médecine.

« Ces conclusions paraîtront extrêmement graves, si l'on songe que la coralline, comme la plupart des nouvelles couleurs dues aux recherches récentes de la chimie, est employée en teinture sur une large échelle, et que le commerce est abondamment pourvu d'objets, de vêtements teints avec cette couleur. Il y a, en pareil cas, de sérieux intérêts engagés, qu'il importe aux savants prudents de ne jamais mettre en péril qu'à bon escient et après mûr examen. Un jeune vétérinaire de Paris, M. Landrin, avec la collaboration de son frère, docteur en médecine, et d'une autre personne dont le nom nous échappe en ce moment, a donc entrepris de vérifier les conclusions de MM. Tardieu et Roussin.

Après s'être procuré de la coralline pure en grande quantité, M. Landrin et ses collaborateurs ont fait de nombreuses expériences sur des animaux de diverses espèces et sur eux-mêmes, en faisant absorber à des doses progressivement élevées la substance prétendue toxique. Dans tous les cas, c'est une parfaite innocuité qu'ils ont constatée ; après quoi, ils se sont crus autorisés à penser qu'il y avait eu erreur de la part des premiers expérimentateurs, erreur que M. Tardieu a, du reste, implicitement reconnue lui-même devant l'Académie de médecine, dont il est membre, après la lecture faite en séance par M. Landrin de l'exposé de son propre travail.

« A l'occasion de la présentation de ce même travail à l'Académie des sciences, M. Chevreul a fait remarquer qu'un des ouvriers teinturiers des Gobelins avait pu, sans accident consécutif, se couvrir le bras d'une couche de teinture de coralline.

« Le fait de l'innocuité de la substance incriminée est donc aujourd'hui reconnu. Nous avons appris, en outre, que, dans les cas observés par M. Tardieu, les accidents observés et attribués par lui et par M. Roussin à une prétendue propriété toxique de la coralline étaient dus à ce que les chaussettes, avant leur teinture, avaient été mordancées avec de l'arséniate d'alumine.

« En matière de science pure, l'erreur est permise et elle n'a pas d'autre inconvénient que celui d'atteindre l'autorité de ceux qui la commettent. Elle peut, d'ailleurs, toujours être réparée ; car la vérité ne perd jamais ses droits. Mais, dans cette circonstance, il est bien difficile de ne pas penser à la qualité d'expert qui a appartenu à MM. Tardieu et Roussin dans certaines affaires criminelles, et de faire un retour sur le danger d'accepter à la légère, en ces affaires, les conclusions formulées au nom de la science, lorsqu'il y va de la vie d'un accusé. »

Lorsque j'eus connaissance de l'article de M. Sanson, je me rendis chez lui, pour lui demander d'où il tenait ce fait : que les chaussettes incriminées étaient mordancées à l'arséniate d'alumine. M. Sanson me répondit alors que ce fait avait été communiqué à l'Académie de médecine par M. Wurtz.

Quant au fait cité par M. Chevreul de l'ouvrier teinturier des Gobelins qui s'est couvert le bras de coralline, il y a erreur de la part de M. Sanson, car étant présent à la séance de l'Académie où M. Chevreul fit cette communication, je suis certain de l'avoir entendu me citer comme ayant fait sur moi-même cette application de teinture.

Du reste, la coralline ne peut pas être employée aux teintureries des Gobelins.

Dans son numéro du 15 août, le *Moniteur scientifique* publie une lettre de M. Delay, chimiste de la maison Giraud, à Pierre-Bénite, près Lyon.

Dans cette lettre, M. Giraud fait observer qu'il existe dans le commerce de la coralline jaune et de la coralline rouge, et que nous n'avons pas mentionné avec laquelle nous avons fait nos expériences.

M. Delay termine sa lettre par cette phrase :

« Il est donc à désirer que des expériences soient faites sur les deux produits, la coralline jaune et la coralline rouge, et que les résultats tranchent la question qui intéresse la santé publique et l'industrie tinctoriale. »

Les expériences que nous avons faites avec MM. Landrin frères et Babaut, ont porté sur la coralline rouge de M. J. Persoz ; nous avons ensuite employé la coralline jaune, ou coralline du commerce ; enfin nous avons également expérimenté l'acide rosolique, soit pur, soit combiné aux alcalis.

DEUXIÈME PARTIE

Dans cette dernière partie, je traiterai de la coralline au point de vue chimique, et de son application en teinture.

Il est nécessaire de faire remarquer ici que le produit que l'on trouve dans le commerce sous le nom de coralline est un rosolate alcalin. Plusieurs fois, j'ai demandé dans différents endroits de la coralline ; toujours le produit qui me fut livré comme étant celui que je demandais se trouvait être un rosolate alcalin. Cette deuxième partie sera donc partagée en deux divisions : dans la première, je traiterai de l'acide rosolique, et dans la seconde, de la coralline.

PREMIÈRE DIVISION
Acide rosolique.

Propriétés physiques. — L'acide rosolique provenant de la précipitation d'un rosolate alcalin par un acide, a l'aspect d'une poudre ayant la couleur de la fleur de grenadier.

Chauffé à une faible température (80 degrés), il fond et se

convertit en une masse mordorée rappelant le reflet vert métallique des cantharides ; lorsqu'il est sous cette dernière forme et qu'on le pulvérise, il reprend le même aspect que celui qu'il a lorsqu'on vient de le précipiter.

Propriétés chimiques. — L'acide rosolique est excessivement peu soluble dans l'eau, mais très-soluble dans l'alcool et l'éther ; sa solution dans ces deux liquides est rouge-brun.

Il est soluble dans les alcalis et donne alors une solution violet-rouge.

Avec l'oxyde de plomb, l'acide rosolique donne une laque rose.

Propriétés organoleptiques. — L'acide rosolique a une faible odeur qui rappelle celle de l'acide phénique. Il est sans saveur et n'est pas délétère.

Composition. — L'acide rosolique est un acide très-faible, dont les combinaisons ne sont pas définies. La composition qu'on lui assigne le plus souvent est représentée par la formule $C^{12}H^6O^4$, ou un multiple de cette formule. De nouveaux travaux seraient nécessaires pour être fixé sur la composition de ce corps.

Préparation. — Plusieurs procédés sont employés pour obtenir l'acide rosolique ; voici le procédé de M. J. Persoz :

On chauffe à l'air trois parties d'acide phénique, deux parties d'acide oxalique et deux parties d'acide sulfurique. Pendant l'opération, il se dégage de l'acide carbonique et de l'oxyde de carbone qui proviennent de l'action de l'acide sulfurique sur l'acide oxalique.

Après quelques heures d'une chaleur modérée, la masse s'épaissit et prend une coloration brune.

On coule alors cette masse dans l'eau froide pour en séparer les acides sulfurique et sulfophénique, on lave ensuite à l'eau bouillante. Par le refroidissement, la masse se solidifie et prend alors le reflet vert cantharide. En la desséchant complétement, on peut réduire l'acide rosolique en poudre.

Usages. — L'acide rosolique ne peut être employé en teinture ; il faut, pour cet emploi, qu'il soit transformé en rosolate alcalin.

Historique. — L'acide rosolique fut découvert par Runge, en traitant des huiles de goudron de houille par la chaux.

En 1858, Schmidt a obtenu le rosolate de soude, au moyen d'un mélange formé d'acide phénique, de soude caustique et de péroxyde de manganèse.

Enfin, en 1859, M. J. Persoz obtenait l'acide rosolique par le procédé décrit plus haut.

Voici maintenant les réactions du rosolate de soude, telles-que M. Chevreul les a obtenues dans son laboratoire à la Manufacture impériale des Gobelins.

Chauffé dans un tube de verre, le rosolate de soude fond, distille et donne un produit acide.

Il est très-soluble dans l'eau, l'alcool et l'éther.

La solution aqueuse est rouge.

La solution alcoolique commence par être jaune, puis ensuite rouge ; cette solution étendue d'alcool passe au jaune.

L'*acide sulfurique concentré* donne une coloration jaune, produit une légère effervescence, puis après quelque temps il se forme un précipité orangé.

L'*acide azotique* produit une coloration moins jaune que l'acide sulfurique, après quelque temps, il se forme également un précipité plus rouge que celui donné par l'acide sulfurique.

L'*acide chlorhydrique* décompose les rosolates alcalins et en précipite l'acide rosolique.

Le *potasse caustique* donne une coloration violet-rouge.

Le *sulfate de protoxyde de fer* donne un précipité orangé rabattu.

Le *sulfate de cuivre* donne un précipité brun.

L'*eau de chlore* décolore la solution aqueuse de rosolate alcalin.

Par l'incinération, on a obtenu une masse charbonneuse, à la base de laquelle s'est rassemblé un sel blanc. La masse charbonneuse traitée par l'eau a donné une liqueur très-alcaline, faisant effervescence avec les acides. Cette masse blanche était du carbonate de soude.

La teinture au moyen du rosolate de soude se fait très-facilement, puisque ce sel est soluble dans l'eau.

Il donne les mêmes résultats que la coralline comme couleur, mais il est plus fugace.

DEUXIÈME DIVISION.

Coralline.

Propriétés physiques. La coralline aussi nommée péonine, à cause de l'analogie de sa couleur avec celle de la pivoine, a l'aspect d'une masse d'un brun-rougeâtre très-brillant. Chauffée, elle fond, se boursoufle, distille et ne laisse aucun résidu.

Propriétés chimiques. La coralline est insoluble dans l'eau, soluble dans l'alcool et dans l'éther. C'est une amide, ou plutôt un acide amidé, car elle joue le rôle d'acide.

Propriétés organoleptiques. Elle a une légère odeur d'acide phénique, elle est sans saveur et n'est pas délétère.

Composition. On ne connaît pas la composition de cette substance.

Préparation. La coralline se produit par l'action de l'ammoniaque sur l'acide phénique.

Dans un vase autoclave, on met une partie d'acide phénique et trois parties d'ammoniaque. On chauffe au bain d'huile environ trois heures, à une température qui ne doit pas dépasser 150 degrés. La masse retirée de l'appareil, après refroidissement, forme un liquide épais présentant un reflet cramoisi de toute beauté. En ajoutant alors de l'acide chlorhydique, on précipite la coralline.

Usages. La coralline est employée dans la teinture de la laine et de la soie.

On l'emploie de cette manière :

On dissout la coralline dans de l'alcool, on y ajoute un peu de soude, et l'on verse cette liqueur alcaline dans une grande masse d'eau. Par une faible addition d'acide tartrique, on met la matière colorante en liberté sans cependant la précipiter. On teint alors la laine ou la soie dans un bain ainsi préparé.

J'ai obtenu les résultats suivants en employant la coralline en teinture.

1° Sur laine et soie non mordancées, on obtient le violet-rouge.

2° En mordançant à l'alun, on obtient l'orangé.

3° Sur les étoffes mordancées à l'alun et au tartre, on obtient également l'orangé.

Ces couleurs ainsi obtenues ont été déterminées sur les cercles chromatiques de M. Chevreul.

La première couleur était le cinquième violet-rouge, huitième ton à $\frac{2}{10}$ de rabat.

La seconde couleur, le premier orangé, onzième ton.

Enfin la troisième couleur, le deuxième orangé, dixième ton à $\frac{2}{10}$ de rabat.

Pour juger de la solidité de ces teintures, on les a exposées à la lumière.

Après huit jours d'exposition, par un beau temps, les couleurs avaient subi les changements suivants :

La première teinture est celle qui a le plus changé, elle est devenue d'un violet-rouge très-rabattu. Deuxième violet-rouge, cinquième ton à $\frac{6}{10}$ de rabat.

La seconde a baissé de deux tons sans se rabattre.

Enfin la troisième a baissé de quatre tons, et pris un peu de gris, deuxième orangé sixième ton, à $\frac{2}{10}$ de rabat.

Historique. La coralline a été découverte en 1861 par M. J. Persoz, et c'est ce savant qui a eu l'extrême obligeance de me fournir la matière colorante dont je me suis servi pour faire mes expériences.

www.ingramcontent.com/pod-product-compliance
Lightning Source LLC
Chambersburg PA
CBHW061612040426
42450CB00010B/2452